NODIADLYFR BACH Y WAWR

Argraffiad cyntaf 2025

Rhif Llyfr Rhyngwladol: 978-1-7384794-6-7

Prawfddarllenydd y Gymraeg: Morgan Owen
Prawfddarllenwyr yr Arabeg: Hammad Rind a Najwan Darwish
Dylunio a chysodi: Iestyn Tyne

Cyhoeddiadau'r Stamp
(ystamp.cymru)

Argraffwyd yn Nhal-y-bont gan Y Lolfa

Ymddangosodd 'Dau gyfaill imi' yn rhifyn digidol 'Heddwch' cylchgrawn *Codi Pais*, a gyhoeddwyd yn Nhachwedd 2023 i godi arian tuag at Gymorth Meddygol i Balesteina.

Cyfrolau llawn Najwan Darwish yn Saesneg (cyf. Kareem James Abu-Zeid):

Nothing More to Lose (New York Review Books, 2014)
Exhausted on the Cross (New York Review Books, 2021)
No One Will Know You Tomorrow (Yale University Press, 2024)

Lle bu gardd

"Barddoniaeth! Am air. Am ardd ddrylliedig."

Lle bu gardd oedd un o'r teitlau oedd dan ystyriaeth ar gyfer y gyfrol fechan hon o farddoniaeth Najwan Darwish. Najwan ei hun piau'r ebychiad sydd wedi'i frasgyfieithu uchod, yn un o'i negeseuon ataf wrth inni drafod rhoi'r casgliad at ei gilydd.

Trawyd lleisiau nifer ddiamgyffred o artistiaid a sgwennwyr yn fud yn hil-laddiad Israel ar bobl Palesteina. Rhwygwyd cenedlaethau o feirdd a meddylwyr o'u gwreiddiau. Ni chafodd llawer o'r rhai byw y rhyddid i ysgrifennu na chreu y tu hwnt i ysgrifennu a chreu am y frwydr i oroesi. O dan y rhwbel a'r gweddillion hefyd, meddai Najwan, mae'r holl farddoniaeth a chelfyddyd y byddai'r rhai a gollwyd wedi'u creu yn y dyfodol. Mae'r ardd lle tyf y pethau hardd hynny wedi'i bomio'n siwrwd, yn wir. Ond yr ardd yw'r gymhariaeth berffaith hefyd, oherwydd mae gerddi yn styfnig. Gall eginblanhigion dorri drwy'r pethau rhyfeddaf.

Crafu'r wyneb, wrth reswm, yw'r oll y gellir ei wneud wrth gyflwyno 15 o gerddi gan fardd mor doreithiog â Najwan Darwish. Ceisiwyd dewis o'u mewn rai cerddi fyddai'n siarad â darllenyddiaeth sy'n gyfarwydd â bod mewn sefyllfa leiafrifol o fath, a cherddi sy'n dweud rhywbeth wrthym am y trais enbyd sy'n parhau yn erbyn poblogaeth Palesteina'r bardd. Mae'r weithred o gyfieithu wedi dod i'r amlwg fel un o gydsafiad hefyd, gan obeithio y bydd cael y cerddi hyn yn eu hiaith eu hunain yn taro tant o fath gwahanol gyda darllenwyr y Gymraeg, ac yn dod â gwirioneddau y mae'n rhaid eu hwynebu gam neu ddau yn nes.

Mae rhywun yn cael yr argraff weithiau fod Najwan Darwish yn clytio'i gerddi at ei gilydd i gau'r tyllau sy'n mynnu ymddangos wrth iddo gau drws a throi sawdl ar un lle a ffoi am y nesaf. Daw o hyd i feddrodau dau gyfaill iddo, gan lawenhau a chenfigennu atynt. Rhwng pethau ac ar symud y mae o hyd – 'heb obaith cyrraedd glan, na dychwel' – yn ei deithiau dros y byd i rannu'i waith; yn ei symud trwy amser, wrth iddo ddwyn y beirdd a'r bobl a fu at ei ymyl a'u defnyddio i ddweud rhywbeth am ei bresennol; ac yn y ffaith bod ei berthynas â'r tir dan ei draed fel Palestiniad yn ei ddinasoedd ei hun, Jerwsalem a Haiffa, yn gymhleth ac ansad.

Wrth ddrafftio'r fersiynau hyn, roeddwn yn dibynnu'n helaeth wrth fwrw iddi ar waith cyfieithydd gwych Najwan o'r Arabeg i'r Saesneg, Kareem James Abu-Zeid. Yna cefais gymorth amhrisiadwy Hammad Rind, sy'n rhugl yn yr ieithoedd ar ddwy ochr y gyfrol hon, er mwyn cael mynediad at arlliwiau ac amrywiadau bychain yr Arabeg gwreiddiol. Cywaith rhwng sawl bardd yw'r hyn a ganlyn, felly.

IT ~ Tachwedd 2024

Cynnwys

إعلان نعي

ودَّ لو أنَّ نَعْيَهُ كانَ كالآتي:
قارَعَ الغُزاةَ قَدْرَ ما استطاع
لم يَنتصر، لكنّه أيضاً لم يُهزم
وفي النِّسيان صَنَعَ حياةً لألفِ سَنَةٍ قادِمة
ماتَ مُتَمِّماً واجِباتِهِ الشِّعريّة.

Teyrnged

Ei obaith oedd y byddai'r deyrnged iddo fel a ganlyn:

Ymladdodd yn erbyn ei oresgynwyr, orau medrai.
Ni fu'n fuddugoliaethus ond
ni chafodd ei drechu chwaith.
Yn hyn o ebargofiant gwnaeth fywyd iddo'i hun
am y miloedd blynyddoedd a ddaw.
Bu farw wrth gyflawni'r hyn a ddisgwylid ganddo
fel bardd.

أُغنية لم تكتمل

I

غَنِّني
غَنِّني
مِثْلَ جَبَلٍ
يَنْحني
فوقَ غابةِ سَوْسنِ

وانسَني...

II

ضُمَّني مِثْلَ شَهْرين في الصَّيْف
ضُمَّني مِثْلَ غُرْفتين
أيّها البيت.

Cân anorffen

I

Cana fi,
cana fi
fel y bydd mynydd yn gwyro
uwch gwigoedd cleddyflys

ac anghofia fi.

II

Cymer fi fel deufis haf,
fel dwy ystafell, cymer fi,
Gartref.

مَدينٌ للهلاك

مَدينٌ للهلاك أنَّني وصلتُ بيتي
مَدينٌ للشبابيك التي وقفتُ تحتها
ورصدتُ أشباحاً تُشبهني
خَلْفَ سَتائِرِها المُسْدَلة

مَدينٌ للهلاك
أنَّني خَسِرتُ دُيوني.

Dyled

Dyledus wyf i ddinistr
am imi ei droi yn gartref.
Dyledus wyf i'r ffenestri y sefais oddi tanynt –
sylwais ar ysbrydion tebyg i mi fy hun
y tu hwnt i'w llenni crog.

Dyledus wyf i angau
am ddileu fy nyledion oll.

مِنْ حينٍ إلى آخر

يأتي غُزاةٌ ويُقطِّعون أوصالي
أحياناً بالبَلْطات و سكاكين المَطبخ
وأحياناً بالقوانين وأسلاكِ الحُدودِ الشّائكة
يُقطِّعونها و يُفرغون ذاكرتي
كما تُفرَّغ الثَّمرةُ مِنْ لُبِّها

شَتوةٌ واحِدة
أُغنيةٌ واحدة.. ويَتَبَدَّدُ شُغْلُهُم.

O bryd i'w gilydd

Daw goresgynnwyr a thorri f'aelodau ymaith –
weithiau â bwyelli a chyllyll cegin,
dro arall â deddfau a gwifrau pigog.
Fe'u torrant ymaith a blingo'r cof
fel y parir y cnawd o'r ffrwyth.

Ond deled un glawiad ysgafn
ar dir sych – un gân,
a bydd eu gwaith yn ddim.

العائلة

ليس لي أرملة
لتحضر في مساء تأبيني، لاستلام الدِّرع
وتوزيع الابتسامات الحزينة
أيّة امرأة تشعر بالكآبة في ذلك المساء
بإمكانها أن تكون أرملتي.

كما أنَّه ليسَ لديّ أبناء
– هؤلاء الذين يُولَدون الآن تحت القَصْف
وفي كآبة المُستشفيات
هُم رِفاقٌ
يَنْضَمّون إلى هذه العائلة التي صَنَعْناها
مِنْ حُطامِ عائلاتنا.

وحتّى بَعْدَ ألفِ سَنةٍ لن أكون أباً
سأظلُّ في مكاني
بَينَ أكثرِ الرِّفاق فُتُوّةً وطَيشاً
(لكنَّ هذا لن يمْنَعَ أولاداً كثيرين مِنَ الظّن أنّني والِدُهُم).

Teulu

Does gen i ddim gweddw
i dderbyn arfbais y bardd ar noson fy nghoffáu
a rhannu'i gwenau trist â phawb.
Caiff unrhyw fenyw sy'n drist ar y noson honno
fod yn weddw i mi.

Does gen i ddim epil chwaith –
y plant a enir rhwng ffrwydradau
yn yr ysbytai diflas hyn;
cydymeithion ydynt,
yn ymuno â'r teulu a godasom
o weddillion ein teuluoedd ein hunain.

Ymhen mil o flynyddoedd eto,
ni fyddaf yn dad.
Arhosaf fel yr wyf,
yma,
yn un o'r ieuengaf a'r mwyaf
byrbwyll o blith y plant hyn
(wnaiff hynny ddim eu hatal chwaith
rhag fy nghymryd yn dad).

سأُدافع حتّى النِّهاية
عَنْ حَقّي في أنْ أكونَ ابناً لأبنائي.

Ymladdaf hyd y diwedd un
am yr hawl
i beidio bod yn dad i 'mhlant.

اكتبْ جملتك

اكتبْ جُمْلَتَك في دفتر الفَجْرِ الصَّغير
اكتبْها مواربةً
واخْتَصِر هذا الشَّقاء المَمْدود مِثْلَ شَرْشَفٍ
على مائدَةِ الأيام

ليسَ المَوتُ أكثرَ مِنْ خادمٍ مُوكَّلٍ بِلَمِّ الكؤوس
وغَسْلِ الشَّراشِف

اكتبْ جُمْلَتَك في دفتر الفَجْرِ الصَّغير.

Dy frawddeg

Ysgrifenna dy frawddeg yn nodiadlyfr bach y wawr.
Gwna hi'n anodd ei deall.
Talfyrra'r dioddefaint hwn
a daenir fel lliain
ar fwrdd bwyd ein dyddiau.

Dim ond gwas bach yw Angau,
y rhoddir iddo'r gwaith o glirio'r cwpanau
a glanhau'r byrddau.

Ysgrifenna dy frawddeg yn nodiadlyfr bach y wawr.

فوبيا

سَيَطرُدوني مِنَ المَدينة قَبلَ هُبوطِ اللّيل
يقولون إنِّي لَمْ أدفع لهم فاتورةَ الهواء
ولم أدفع أُجرةَ الضَّوء.
سَيَطرُدوني مِنَ المَدينة قَبلَ حُلولِ المَساء
يقولون إنِّي لم أدفع أُجرة الشَّمس
ولا مستحقّات الغُيوم.
سَيَطرُدوني مِنَ المَدينة قَبلَ شروق الشمس
لأَنِّي أمْعَنتُ في مُناكفة اللّيل ولَمْ أرْفَع مَدائحي للنُّجوم
سَيَطرُدوني مِنَ المَدينة قَبلَ نزولي من الرَّحمِ
لأَنِّي ظَللْتُ طِوال سبْعةِ أشهرٍ أتَرَبَّصُ بالوجود
وأكتُبُ الشِّعر
سَيَطرُدوني مِنَ الوجود لأَنِّي مُنْحازٌ إلى العَدَم
وسَيَطرُدوني مِنَ العَدَم
لأني على صِلةٍ مشبوهةٍ بالوجود
سَيَطرُدوني مِنَ الوجود والعَدَم لأَنِّي وليدُ الصَّيرورة

سَيَطرُدوني.

Ffobia

Byddan nhw'n fy hel o'r ddinas
cyn iddi nosi, gan sôn
na wnes i dalu fy miliau aer
Byddan nhw'n fy hel o'r ddinas
cyn amser te, gan ddweud
na wnes i dalu ffioedd yr haul,
fy nyledion i'r cymylau chwaith
Byddan nhw'n fy hel oddi yma
yn y bore bach, am i mi ffraeo â'r nos
heb ganu mawl i'r sêr
Byddan nhw'n fy hel o'r ddinas
cyn i mi adael y groth
Am i mi dreulio seithmis crwn
yn saernïo cerddi ac yn disgwyl *bod*
Byddan nhw'n fy hel rhag bodoli
am i mi ochri â'r mudandod mawr
Byddan nhw'n fy hel o'r mudandod
dan amheuaeth o fodoli
Byddan nhw'n fy erlid oddi yma
am y ganwyd fi o fodolaeth newydd

Byddan nhw'n fy hel oddi yma.

ناوِلْني إيّاه

ناوِلْني إيّاه،
قُلتُ
أُريدُ أَنْ أصنعَ شُقوقاً طوليّةً رفيعةً
تنامُ فيها هذه الغُيومُ المُلتمَّةُ على نفْسِها
كانِزةً تَعَبَها
مُسافِرَة مِنْ آخِرها إلى آخِرها.
ناوِلْني هذه القِطعةَ المُزبِدةَ
فَوقَ جُثَّةِ بَحْرٍ مَيِّتٍ مُنْذُ الأَزَل
ولا أَحَدَ يَعرِفُ
ناوِلْني هذا الأُخدود يَصّاعدُ منْهُ غِناءُ اليائسين
ادخلْ إلى الحُجْرة المُجاوِرة،
وناوِلْني حَتْفي.

Dyro hi i mi

Dyro hi i mi, meddais.
Rydw i am wneud toriadau hir a gofalus
y gall y cymylau hyn sy'n hel gysgu o'u mewn –
maen nhw'n magu blinder
wrth symud o un pen eu hunain
i'r llall.
Dyro imi'r tamaid niwlog hwn o'r awyr
sydd ynghrog
uwch y môr fu'n farw erioed
er na wyddai neb.
Dyro imi'r twll hwn yn y tir
lle mae cân pobl heb obaith yn seinio.
Cer drwodd i'r ystafell nesaf
a dyro imi fy marwolaeth.

أيّها الصّديقان

كان العثورُ على قبريكُما فُسحَةً في الجَلال والنّور
تَذاكَرنا كيف قاتَلتُما حتّى آخرِ طَلْقَةٍ
وَنَفَسٍ
قَبلَ أَنْ يَهرِسوا البيتَ فوقَكُما
بالدبّابات
فَكَبِرَت الأرضُ في عَيْنيَّ واتَّسَعَتْ ...

أيُّها الصَّديقان
لَمْ أحسِد شيئاً على هذه الفانية سِوى قبريكُما.

Dau gyfaill i mi

Roedd dod o hyd i'ch beddrodau'n
llanw mawr o ysblander a goleuni ynof
Dyma ni'n dwyn i gof fel y bu i'r ddau ohonoch ymladd
hyd y fwled olaf
hyd yr anadl olaf
nes iddyn nhw chwalu eich cartref dros eich pennau
gyda'u tanciau
a thyfodd y ddaear yn fwy yn fy llygaid i …

Gyfeillion
dwi'n cenfigennu at ddim oll yn y byd hwn
ar wahân i'ch beddrodau chi.

.

في مهرجانٍ شعريّ

أمامَ كُلِّ شاعرٍ اسمُ بِلادِهِ
وَلَمْ يَكُنْ وَراءَ اِسْمي سِوى *Jerusalem*

كَمْ هُوَ مُرْعِبٌ اسمُكِ يا بِلادي الصَّغيرَة
التي لَمْ يَبْقَ لي سِوى اسمها
أنامُ فيه وأسْتَيقِظُ،
اسمُها الذي مِثْلَ سَفينةٍ لا أمَلَ لَها بِالوُصْول
ولا بِالرُّجوع...

لا تَصِلُ ولا تَرْجِع
لا تَصِلُ ولا تَغْرَق.

Mewn Gŵyl Farddoniaeth

Mae enw gwlad o flaen pob bardd.
Wrth f'enw i – dim ond *Jerusalem*.

Mae'n rhaid bod d'enw di, fy ngwlad fach i, yn ddychryn –
dim ond yr enw hwn sy'n weddill ohonot ti.
Cysgaf a deffroaf oddi mewn i'r
llestr hwn, heb obaith cyrraedd glan, na dychwel.

Nid yw'n cyrraedd glan nac yn dychwel.
Nid yw'n cyrraedd nac yn boddi chwaith.

أنا شبحٌ وأعرف عمّا أتحدّث

خَطَرَ لي
بَيْنما الأمطارُ تَساقَطُ فَوْقَ أشجارٍ آسيَويّةٍ
أسفَلَ سُورِ الصّين
بينَما نحنُ هُناك نشرُبُ الشّاي
ونُنصِتُ ناعِسينَ لِقصائدِ بعضِنا
خَطَرَ لي أن أقولَ لهم:
نحن أشباحٌ هاهُنا.

تَتَجمَّعُ الأشباحُ لتَتَدفّأ
تَسيرُ في جماعاتٍ
لأنَّها تعرفُ أنَّها ليسَت من الجَماعة
أنا شبحٌ وأعرف عمّا أتحدّث

خَطَرَ لي وكَتمْتُ الخاطِر
فالأشباحُ تعرفُ هذا
ولا تُحبُّ أن تَسمعَهُ من أحد

Ysbryd ydw i, ac mi wn am beth dwi'n sôn

Gwawriodd arnaf
wrth i'r glaw ddisgyn ar y coed
gerllaw Wal Fawr Tsieina
lle'r yfem de
wrth wrando'n dawel ar ein cerddi'n gilydd;
fe wawriodd arnaf y dylwn sôn wrthynt mai
Ysbrydion ydym yma.

Mae ysbrydion yn dod ynghyd i gadw'n gynnes;
maen nhw'n cyd-gerdded
o wybod nad ydynt yn perthyn i unman.
Ysbryd ydw i, ac mi wn am beth dwi'n sôn.

Trawyd fi gan y peth, ond fe'i gwthiais ymaith:
mae ysbrydion yn gwybod hyn yn barod
ac ni hoffant glywed neb yn siarad am y peth;
mae ysbrydion yn ceisio anghofio,
ac wrth gyd-gwrdd yn griwiau
maent yn cyd-gwrdd er mwyn anghofio –
maent yn yfed te
ac yn adrodd cerddi wrth ei gilydd
er mwyn anghofio.

الأشْباحُ تُحاوِلُ أنْ تَنْسى
وحينَ تَلْتَقي في جَماعاتٍ
فهيَ تَلْتَقي لِتَنْسى
تَشْرَبُ الشّاي وتَقْرَأُ القَصائدَ
على مَسامِعِ بَعْضِها لِتَنْسى.

نَحْنُ الآن
أسْفَلَ سُورِ الصّين
والأمطارُ تَسّاقَطُ
الشّاي يُوشِكُ أنْ يَنْتَهي
وكذلك القَصائدُ
أنا شَبَحٌ وأعْرِفُ عَمّا أَتَحدّث.

Rydym yma, heno,
gerllaw Wal Fawr Tsieina:
mae'r glaw yn disgyn
ac mae'r te ar fin darfod –
felly'r cerddi hefyd.
Ysbryd ydw i, ac mi wn am beth dwi'n sôn.

كلام عند مدخل القدس

يا سيّدي، أنا، رسولُ الله قَيَّدَني بين القُدْسِ ومَكَّةَ
لا أسْتَطيعُ أنْ أبْرَحَ الفَضاءَ الذي بَيْنَهُما.
إنّني أنْتَظِرُه
وإنَّ أرْضاً لا يَهْبِطُ البُراقُ فيها لَسْتُ بِساكِنِها...
لكنّي في بَعْضِ كوابيسي
أرى غُزاةً يُعَقّمونَ مُعْجَمَ البُلدان مِنْ لُغَةِ العَرَب
أراها وقْدَ صارت كُلُّها "شِعْبَ بَوانٍ"
حَيْثُ "الفَتى العَرَبيُّ فيها غَريبُ اليَدِ والوَجْهِ..." كما تَعْرِف
فأسْتَيْقِظُ وأنا أرتَجِف وأقولُ لنَفْسي:
لا تَبْقَيْ في أرْضٍ يُقْطَعُ فيها لِسانُ العَرَب
لا تبقيْ في أرضٍ تُمْسَحُ فيها لُغَتُهُم
عَنْ شَواهِدِ قُبُورِهِم

ثُمَّ ما مكّةُ والقُدُس مِنْ دونِ لُغَتِهِم؟

Geiriau wrth borth Jerwsalem

Arglwydd, cadwynodd y Proffwyd fi rhwng Jerwsalem a
                                          Meca:
ni allaf ymryddhau o'r gofod rhyngddynt.
Rwy'n aros amdano ef,
am nad oes gwerth i fyw
ar dir na theimlodd gyffyrddiad Burāq y Proffwyd.
Ond yn fy hunllefau
gwelaf oresgynwyr yn sgrwbio iaith yr Arabiaid o Eiriadur
                                          y Cenhedloedd.
Gwelaf droi'r tir a'r iaith yn alltudion
fel Arab rhydd Al-Mutanabbī – 'yn ddieithr ei wedd a'i
                                          ysgrif a'i dafod'.
Deffroaf yn gryndod i gyd, a'm siarsio fy hun:
paid aros ar y tir lle torrir tafodau'r Arabiaid,
paid aros ar y tir lle dilëir yr iaith
o gerrig eu beddau –

canys beth yw Meca a Jerwsalem, heb eu hiaith?

في الجَنَّة

استَيْقَظنا مَرَّةً في الجَنَّة...
وفاجَأنا المَلائكةُ بالمكانسِ والقَشَّاطات:
"تفوح منكم رائحةُ كُحول مِن الأرض
في جُيوبِكُم قصائد وهَرْطقات..."

مَهلَكُم يا خَدَمَ الله، قُلنا لَهم؛ حُلمُنا بصباح
واحدٍ مِنْ صَباحات حيفا
قادَنا إلى جَنَّتِكُم بالخطأ.

Ym Mharadwys I.

Deffroesom unwaith ym Mharadwys
a synnu braidd at yr angylion
gyda'u hysgubau a'u mopiau, yn dweud:
"Mae gwynt alcohol o'r ddaear arnoch
a'ch pocedi'n llawn
o gerddi a heresïau ...".

Pwyllwch, Weision Duw, meddem ninnau.
Cawsom freuddwyd am un bore,
dim ond un bore yn Haiffa
a dyma ni, yn eich paradwys chi
ar gam.

في الجَنَّة ‖

حتّى في الجَنّة
كُنْتُ أتقلَّبُ وأتضوَّرُ وأشتاق
مسحوراً بالزَّمن، أعود إلى إسارِهِ طوعاً
غيرَ واثقٍ مِنْ خُلودي

حتّى في الجَنّة
كُنْتُ أفكّر بالأرض.

Ym Mharadwys II.

Hyd yn oed ym Mharadwys
roeddwn i'n troi a throsi, yn gwingo o hiraeth.
Dan swyn amser, dychwelais
yn foddog i'w gadwynau
yn ansicr o'm hanfarwoldeb.

Hyd yn oed ym Mharadwys
dim ond y ddaear
oedd ar fy meddwl i.

كنتُ أعرفُ دائماً

استيقظتُ فَلَمْ أجدها
جاءَ لُصوصٌ وأنا نائمٌ وسَرَقوها
كنتُ أعرفُ دائماً
كنتُ أعرفُ
كنتُ أنتظرُ هذا النَّهار
في الكوابيس
ليسَ الأمرُ مروِّعاً،
سرقوها
كنتُ أعرفُ أنَّ هذا سَيَحدُثُ

لكن ماذا سأصنعُ الآن بِسَمائها الزَّرقاء
بِبَحرِها وجَبَلِها
بِنَفْسي
وبِكلِّ ما تَرَكَهُ اللُّصوصُ وراءَهم؟

Roeddwn i'n gwybod erioed

Deffrois, ac nid oedd i'w chael yn unman.
Daeth lladron tra cysgwn a'i chludo ymaith.
Roeddwn i'n gwybod hynny,
roeddwn i'n gwybod erioed.
Droeon, yn nhroeon fy hunllefau
arhoswn am y dydd hwnnw.
Doedd y peth ddim yn achos braw:
daethant i'w dwyn,
ac roeddwn i'n gwybod erioed y digwyddai hynny.

Ond beth wnaf fi â glesni'i hawyr,
â'i mynyddoedd a'i môr,
â mi fy hun
ac â pha bynnag bethau eraill
y gadawodd y lladron ar eu hôl?

Nodiadau ar rai cerddi

Dau gyfaill i mi (tud. 26)

'yn y byd hwn': Mae'r gair Arabeg فانية yn golygu 'byrhoedlog', 'darfodedig' yn llythrennol, ac fe'i def-nyddir yma i gyfleu'r 'byd darfodedig'.

Geiriau wrth borth Jerwsalem (tud. 34)

'Meca a Jerwsalem': Y ddau *qibla* (قبلة) Islamaidd, sef y cyfeiriad y mae Mwslemiaid yn ei wynebu wrth weddïo. Jerusalem oedd *qibla* cyntaf y Mwslemiaid a gweddïodd y Proffwyd Mwhamad i gyfeiriad Jerwsalem am lawer o flynyddoedd cyn i Meca ddod yn *qibla*.

'Burāq y Proffwyd': Mae llawer o Fwslemiaid yn credu fod y Proffwyd wedi teithio o Meca i Jerwsalem un noson yn y flwyddyn 621 ar gefn creadur asgellog tebyg i geffyl, o'r enw Burāq.

'Geiriadur y Cenhedloedd' (معجم البلدان): Gwyddoniadur ac atlas Arabeg o'r drydedd ganrif ar ddeg gan yr ysgolhaig Yaqut al-Hamawi. Mae'r llyfr yn arbennig o bwysig fel cofnod o weithiau llenyddol y byd Islamaidd cyn i'r mwyafrif ohonynt gael eu dinistrio yng ngoresgyniad y Mongoliaid.

Al-Mutanabbi (915-965): Un o feirdd mwyaf yr Arabeg; roedd yn byw yng nghyfnod yr Abasiaid.

'yn ddieithr ei wedd a'i ysgrif a'i dafod': trosiad o linell mewn awdl hir gan Al-Mutanabbi sy'n canmol dyffryn Bawwan (yn Iran fodern). Mae'n galaru'r ffaith bod y llanc Arabaidd yn ddieithryn yn y dyffryn hardd hwn.

Ym Mharadwys I. (tud. 36)

هرطقات: O'r gair Groeg αἱρετικός, o'r hwn hefyd y tardda'r gair Cymraeg 'heresi'.

Dymuna'r wasg ddiolch yn gynnes i'r sawl a gyfrannodd arian ychwanegol at waith Cymorth Meddygol i Balesteina (MAP) yn ystod y cyfnod rhagarchebu cyntaf:

Dylan Huw, Caernarfon
Eiry Miles, Caerfyrddin
Elin Hywel, Pwllheli
Gareth Evans-Jones, Marian-glas
Jo Heyde, Rickmansworth
Kayley Roberts, Caernarfon
Siôn Pennar, Poznań

Gwasg fechan annibynnol, wirfoddol a chydweithredol yw **Cyhoeddiadau'r Stamp**, a sefydlwyd ochr yn ochr â chylchgrawn creadigol *Y Stamp*. Er i'r cylchgrawn ddod i ben yn 2021, mae Cyhoeddiadau'r Stamp yn parhau i gynhyrchu deunydd newydd ac yn gweithredu ar sail yr un gwerthoedd â'r cylchgrawn, gyda'r gobaith o roi sylw i leisiau newydd ac ymylol yn y Gymraeg, creu llwyfan agored i greadigrwydd o bob math, a bodoli'n annibynnol heb nawdd cyhoeddus.

I ddysgu rhagor am ein cyfrolau a sut y gallwch chi gefnogi ein gwaith, ewch i ystamp.cymru.

Mae Cyhoeddiadau'r Stamp yn aelod o gasgleb ryngwladol **Cyhoeddwyr dros Balesteina**, sy'n cynnwys dros 500 o dai cyhoeddi sy'n sefyll dros gyfiawnder, rhyddid mynegiant a grym y gair ysgrifenedig mewn cydsafiad â phobl Palesteina. Gellir dysgu rhagor am y mudiad trwy fynd i publishersforpalestine.org.